Cath i Gythraul

Lefel 3: Canolradd

Cath i Gythraul

Lefel 3: Canolradd

Meleri Wyn James (gol.)

Rhan o gyfres Ar Ben Ffordd

y||Lolfa

Hoffai'r Lolfa ddiolch i:

Elwyn Hughes, Cydlynydd Cyrsiau Cymraeg i Oedolion, Prifysgol Bangor

Dr Rhiannon Packer, Uwchddarlithydd Cymraeg, Addysg a Dyniaethau, Prifysgol Cymru, Casnewydd

Jane Davies, Tiwtor Cymraeg i Oedolion, Canolfan Morgannwg

Lynne Davies, Swyddog Datblygu Casnewydd, Cymraeg i Oedolion, Canolfan Gwent

David Stansfield, Tiwtor Cymraeg i Oedolion, Prifysgol Caerdydd

Mark Stonelake, Swyddog Cwricwlwm ac Adnoddau, Cymraeg i Oedolion, Prifysgol Abertawe

Steve Morris, Academi Hywel Teifi, Prifysgol Abertawe am ei waith ymchwil ar eirfa graidd

a chylchgrawn *lingo newydd* i ddysgwyr Cymraeg

Argraffiad cyntaf: 2012

Cynhyrchwyd y gyfrol hon gyda chymorth ariannol
Adran AdAS Llywodraeth Cymru

Golygydd: Meleri Wyn James
Cynllun y clawr: Rhys Huws

Rhif llyfr rhyngwladol:
978 1 84771 464 0

Cyhoeddwyd, argraffwyd a rhwymwyd yng Nghymru
gan Y Lolfa Cyf., Talybont, Ceredigion SY24 5HE
e-bost: ylolfa@ylolfa.com
gwefan: www.ylolfa.com
ffôn: 01970 832 304
ffacs: 01970 832 782

Ar Ben Ffordd

Darnau darllen i oedolion sy'n dysgu Cymraeg ers dros ddwy flynedd neu sy'n dilyn cwrs lefel Canolradd. *Cath i Gythraul* (idiom: like a bat out of hell) ydy'r chweched llyfr yn y gyfres Ar Ben Ffordd.

Mae yma amrywiaeth o ddeunydd ffeithiol a ffuglen, dwys a difyr gyda geiriau ar bob tudalen. Mae'r darnau wedi eu hysgrifennu gan arbenigwyr yn y maes dysgu Cymraeg ac awduron adnabyddus fel Bethan Gwanas, Lleucu Roberts a Geraint V Jones. Mae Elwyn Hughes, Cydlynydd Cyrsiau Cymraeg i Oedolion ym Mhrifysgol Bangor, yn ymgynghorydd ieithyddol i Ar Ben Ffordd. Am y tro cynta, mae'r gyfres hon yn arwain dysgwyr ymlaen o'r amser pan maen nhw'n dechrau darllen (Lefel 1: Mynediad) at Lefel 2 (Sylfaen), i rai sy'n dysgu Cymraeg ers blwyddyn neu ddwy, a Lefel 3 (Canolradd), i rai sy'n fwy profiadol.

Mae'n rhan o brosiect Llyfrau Darllen Cymraeg i Oedolion AdAS ac yn ymateb i'r angen yn y maes am gyfres o lyfrau darllenadwy i roi hyder i ddysgwyr ar eu siwrnai o un cam i'r nesa.

Darllenwch y gyfres Ar Ben Ffordd i gyd: Lefel 1 (Mynediad): *Camu Ymlaen* a *Ling-di-long*; Lefel 2 (Sylfaen): *Mynd Amdani* a *Nerth dy Draed*; Lefel 3 (Canolradd): *Ar Garlam* a *Cath i Gythraul*.

Enjoyable reading material for learners who have been learning Welsh for at least two years.

Cath i Gythraul is the sixth book in a series which provides accessible reading material for learners with vocabulary on each page. Written by experts in the field of Welsh for learners and well-known Welsh authors such as Bethan Gwanas, Lleucu Roberts and Geraint V Jones. Elwyn Hughes from the Welsh for Adults Centre at Bangor University acts as Ar Ben Ffordd's language consultant.

This is the first series of its kind which aims to start learners on the road to reading Welsh and provide them with the confidence to continue with their journey from Level 1 (Mynediad) to Level 2 (Sylfaen) and 3 (Canolradd).

The Ar Ben Ffordd series includes: Level 1 (Mynediad): *Camu Ymlaen* and *Ling-di-long*; Level 2 (Sylfaen): *Mynd Amdani* and *Nerth dy Draed*; Level 3 (Canolradd): *Ar Garlam* and *Cath i Gythraul*.

gog = geiriau sy'n cael eu defnyddio yng ngogledd Cymru/ *words used in north Wales*
de = geiriau sy'n cael eu defnyddio yn ne Cymru/ *words used in south Wales*

Cynnwys

Canu gyda'n gilydd	*Margarette Hughes*	8
Colli pwysau	*Bethan Gwanas*	10
Problemau iaith	*Elwyn Hughes*	13
Y wrach o Gymru		15
Fy mywyd mewn pedwar polaroid	*Euron Griffith*	17
Cofio… T E Lawrence		19
Y frongoch	*Malcolm Llywelyn*	21
Eisteddfod y bwyd		24
Anna Marie	*Gwenno Hughes*	26
Lawr ar lan y môr!		28
Disgyn	*Lleucu Roberts*	32
10 cwestiwn Simon Weston		35
Ar y lein	*Annes Glynn*	38
Ar ddydd San Padrig, 2003	*Mererid Hopwood*	41
Siarad Cymraeg – yn bell o Gymru		43
Chwarae â thân		45
Dwy afon		48
Coelio mewn ysbrydion? – Rhan 1	*Geraint V Jones*	49
Rhybudd - llifogydd		54
Coelio mewn ysbrydion? – Rhan 2	*Geraint V Jones*	56
Y tŷ bach twt	*Leusa Fflur*	61

Canu gyda'n gilydd

Shane dw i. Dw i'n dysgu Cymraeg. Mae'r athrawes, Miss
Ifans, yn hyfryd. Mae hi'n ifanc ac yn bert. Dw i'n hoffi
Miss Ifans. Nos Iau yn y dosbarth, dysgon ni 'dw i'n hoffi'.
Gofynnodd Miss Ifans, "Shane, beth 'dych chi'n hoffi?"
Aeth fy meddwl yn 'blank'! O! Beth dw i'n hoffi?

Dwedais i o'r diwedd, "Dw i'n hoffi canu!"

Dwedodd Miss Ifans, "Dw i'n hoffi canu 'fyd!"

Amser egwyl, pan oeddwn i'n cael coffi, cawson ni sgwrs
yn Saesneg am gerddoriaeth. Mae Miss Ifans yn canu mewn
côr ac mae hi'n hoff iawn o jazz.

"Hoffwn i ganu mewn côr," dwedais i.

"'Dych chi'n canu tenor neu bas?" gofynnodd hi.

"O, tenor," atebais i.

"Hyfryd!" dwedodd hi, "mae angen tenoriaid yn y côr.
Rhaid i chi ddod i'r ymarfer nos yfory yn y Neuadd Goffa."

"Faint o'r gloch?" gofynnais i.

"Am hanner awr wedi saith. Wela i chi yno!"

Roedd llawer iawn o bobl yn y Neuadd Goffa. Edrychais
i o gwmpas i chwilio am Miss Ifans. Doeddwn i ddim yn
nabod neb. Roedd pawb yn siarad Cymraeg!

O'r diwedd, gwelais i hi yn siarad â rhyw hync mawr salw
ar bwys y llwyfan. Es i draw atyn nhw a dweud, "Noswaith
dda, Miss Ifans!"

"O, helo Shane," meddai hi, "dyma fy nghariad,
Cadwaladr."

"Galwch fi'n Cad," meddai'r hync.

('Cad by name and Cad by nature,' meddyliais i.) Ond
gwenais i a dweud, "Mae'n dda 'da fi gwrdd â chi."

Yna, dyma rhywun yn rhoi taflen yn fy llaw. Edrychais
i ar y daflen. Gwelais i ddotiau bach duon yn rhedeg ar hyd
llinellau a geiriau o dan y llinellau yn Gymraeg.

Dechreuodd merch ifanc ganu'r piano ac aeth pawb i fyny i'r llwyfan.

"Ble mae'r tenoriaid?" gofynnais i.

"Yma," meddai Cad.

Dechreuodd pawb ganu. Hynny yw, pawb ond fi. Agorais i fy ngheg ond meimio wnes i drwy'r nos!

"Sut aeth hi?" gofynnodd Miss Ifans wrth adael y Neuadd Goffa.

"Hyfryd!" dwedais i gan groesi fy mysedd tu ôl i fy nghefn.

"Wela i chi wythnos nesa felly, Shane!" meddai hi.

"Dw i'n edrych ymlaen!" dwedais i.

Dw i'n brysur nawr bron bob nos drwy'r wythnos. Mae gwers Gymraeg bob nos Iau a'r côr bob nos Wener. Nos Lun a nos Fawrth, dw i'n cael gwersi cerddoriaeth yn y Coleg. Beth am nos Fercher? Wel, nos Fercher mae Miss Ifans yn rhoi gwers breifat i fi ac mae hi'n fy ngalw i yn 'ti' nawr! Ta-ta, Cad!

Margarette Hughes

Geiriau
Neuadd Goffa – *Memorial Hall*
salw (de) = hyll (gog) – *ugly*
llwyfan – *stage*
hynny yw – *i.e., that is*
croesi bysedd – *to cross fingers*

Colli pwysau

Ar ddiwrnod eu priodas, roedd Sion a Betsan yn denau. Wel, nid yn denau, ond yn sicr nid yn dew. Ond ar ôl pymtheg mlynedd o fywyd priodasol, roedd y ddau yn dew. Wel, nid yn dew, ond yn sicr yn drymach. Roedd y ddau bellach yn llond eu croen.

Cyn priodi, roedd y ddau yn cadw'n heini, yn mynd i'r gampfa bron bob nos, yn chwarae sboncen ar nos Fawrth a badminton ar nos Iau, ac yn cerdded mynyddoedd ar y penwythnos. Ond wedyn daeth y plant, dau ohonyn nhw, a doedd dim amser nac egni i fynd i'r gampfa, doedd dim amser nac egni i wneud dim. Nawr, y plant oedd yn cadw'n heini, yn chwarae tennis, pêl-droed a phêl-rwyd, yn nofio, dawnsio ac ati, tra oedd Betsan neu Sion yn cysgu yn y car.

Roedd pen-glin Sion yn rhy boenus i gerdded i fyny ac i lawr mynyddoedd, heb sôn am chwarae sboncen. Roedd y teulu'n mynd am dro weithiau, ond nid yn bell – neu basai'r plant yn cwyno eu bod yn "bored". Roedden nhw hefyd yn chwarae ychydig o badminton yn yr ardd yn yr haf, ond nid am amser hir iawn. Bellach, roedd y soffa'n llawer rhy gyfforddus, a'r teledu yn fwy deniadol na chwysu yn y gampfa.

Roedd y ddau hefyd yn hoff iawn o'u bwyd. Roedd y ddau yn gogyddion ardderchog. Cacennau a theisennau a phwdinau o bob math oedd cryfder Betsan. *Meringues* oedd yn toddi yn eich ceg a sbwng perffaith wedi ei fwydo mewn *amaretto* gyda hufen a mefus yn y canol.

"Dw i'n dy garu di," meddai Sion wrth lyfu'r hufen.

Cyrri oedd arbenigedd Sion, cyrri llawn cnau a hufen, cyrri coch, cyrri gwyrdd, cyrri bob lliw a blas dan haul.

"Dw i'n dy garu di," meddai Betsan wrth rwygo'r *chapati*.

Roedd angen symud ambell fotwm ar eu dillad bellach,

ond doedden nhw ddim yn poeni, ac roedd elastig gymaint mwy cyfforddus na *zip*. Roedden nhw'n hapus a bodlon eu byd – nes iddyn nhw gael gwahoddiad i briodas, priodas eu nith.

"Dyna hyfryd! Cer i weld ydy'r siwt Armani yn dal i dy ffitio di," meddai Betsan.

"Wrth gwrs ei bod hi'n ffitio!" meddai Sion. Ond doedd hi ddim. Roedd y trowsus yn gwrthod cau a doedd ei freichiau ddim yn gallu mynd mewn i lewys y siaced.

Roedd Betsan eisiau prynu dillad newydd, wrth gwrs, ond roedd popeth yn gwneud iddi edrych yn dew.

"Mae digon o amser i ni golli pwysau," meddai Betsan. "'Dyn ni'n mynd ar ddeiet!"

"Dim mwy o *meringues* na chacennau llawn hufen?" gofynnodd Sion yn drist.

"Na, a dim cyrris chwaith!" meddai Betsan. "A dim cwrw!"

Felly, am dri mis, buodd y ddau yn bwyta Ryvita a chaws bwthyn a salad ar ôl salad ar ôl salad.

"Dw i'n teimlo fel cwningen," meddai Sion.

"Paid â chwyno!" meddai Betsan. Roedd Sion yn mynd ar ei nerfau y dyddiau hyn. A doedd e byth eisiau rhyw.

"Paid â gweiddi!" meddai Sion. Roedd Betsan yn mynd ar ei nerfau y dyddiau hyn. Roedd popeth yn mynd ar ei nerfau. Roedd gweld y plant yn bwyta pizzas a hufen iâ yn mynd ar ei nerfau. Roedd e eisiau pizza! Ond yn fwy na dim, roedd e eisiau peint.

Ar ddiwrnod y briodas, doedden nhw ddim yn siarad gyda'i gilydd, ond roedd e'n gallu ffitio mewn i'r siwt Armani, ac roedd Betsan yn edrych yn smart mewn ffrog newydd (gyda help nicer hudol Trinny & Susannah).

Roedd y bwyd a'r siampên yn hyfryd. Bwytodd Sion dri rholyn bara gyda'i gawl. Aeth Betsan yn ôl am fwy o datws *gratin dauphinois*. Gwenodd Sion a gwenodd Betsan. Roedd y ddau bellach yn dal dwylo dan y bwrdd. Ac ar ôl paflofa a threiffl a *mousse* siocled, roedd eu dwylo ym mhobman.

"Mae'n ddrwg gen i," sibrydodd Betsan yn ei glust.

"A fi," meddai Sion. "Beth am wneud adduned? Dim mwy o gaws bwthyn a letys. Dwi'n gwybod am ffordd hyfryd o losgi caloriäu…"

Bethan Gwanas

Geiriau

bywyd priodasol — *married life*
bellach — *by now*
yn llond eu croen — *(lit.) their skin was full = they were plump*
sboncen — *squash*
egni — *energy*
pêl-rwyd — *netball*
cwyno — *to complain*
cyfforddus — *comfortable*
deniadol — *attractive*
cryfder — *strength*
toddi — *to melt*
mwydo — *to soak*
mefusen, mefus — *strawberry, strawberries*
llyfu — *to lick*
cneuen, cnau — *nut,s*
rhwygo — *to rip*
bodlon eu byd — *content, happy with their lot*
gwahoddiad — *invitation*
gwrthod — *to refuse*
llawes, llewys — *sleeve,s*
caws bwthyn — *cottage cheese*
rhyw — *sex*
hudol — *magical*
sibrwd — *to whisper*
adduned — *resolution*

Problemau iaith

Mae'n hawdd dysgu Cymraeg! Dim ond dwy oed oeddwn i pan ddechreuais i siarad yn rhugl. Mi dreuliais i saith mlynedd yn ceisio dysgu Ffrangeg ond hyd yn oed ar ôl gwneud Lefel A doeddwn i ddim yn medru cynnal sgwrs efo neb ond y ci. Dw i'n dysgu Saesneg ers dros bum mlynedd ar hugain ond dw i ddim yn rhugl eto. (Dw i'n astudio Eidaleg hefyd ond dw i ddim yn *Rigoletto* chwaith!) Trueni bod pob iaith ddim mor hawdd â'r Gymraeg.

Mae pobl mor falch os gwnewch chi ymdrech i ddefnyddio eu hiaith nhw. Mae llawer o hwyl yn codi o geisio deall eich gilydd trwy ddefnyddio ystumiau ac iaith Darzanaidd. "*Moi manger* (rhwbio bol), *s'il vous plaît?*" ac ati!

Mae yna broblemau'n codi hefyd. Dw i'n cofio cael cinio efo teulu yn Ffrainc a fy nghariad yn dweud ar ôl gorffen "*Je suis pleine*", sef "dw i'n llawn". Mi gafodd y teulu sioc. Roedd fy nghariad newydd ddweud ei bod hi'n disgwyl babi!

Mae yna broblemau'n codi efo'r Saesneg hefyd. "*It's just* dan y bont*,*" meddwn i pan stopiodd rhywun fi i holi'r ffordd. "*Can I pay my* bil ffôn?" dw i wedi'i ddweud yn aml yn Swyddfa'r Post. Ac mae yna glasur o stori am y gair 'crap' – '*smattering*' yn Gymraeg. Roedd rhieni di-Gymraeg wedi mynd â'u merch i ysgol feithrin Gymraeg, a gofynnon nhw a ddylen nhw ddysgu Cymraeg hefyd i helpu eu merch. "*It's better if you have a crap,*" atebodd yr athrawes!

Rhaid cyfaddef bod rhai problemau bach efo'r iaith Gymraeg hefyd. Cymerwch yr ateb i'r cwestiwn "'Dych chi eisiau coffi?" "Ydw" yn y De, "Oes" yn y Gogledd! Gog ydw i, ond mi fues i'n byw yn y De am rai blynyddoedd. Mi geisiais i gadw fy acen ogleddol yn bur ond roedd rhai geiriau yn llithro allan weithiau. Roedd rhaid i mi fod yn arbennig o ofalus wrth siarad efo Mam, sy'n ogleddwraig bybyr. Ond mi

wnes i gamgymeriad unwaith. Roeddwn i wedi ffonio Mam
i ddweud fy mod i wedi dyweddïo a doeddwn i ddim yn siŵr
sut roedd hi'n mynd i gymryd y newyddion.

"Mam, dw i... ym... dw i'n mynd... ym... i briodi."

"Priodi? Ti?"

"Ia."

"Wyt ti eisiau priodi?"

"Ydw."

(Tawelwch hir)... "Wyt ti eisiau priodi?"

"O, oes!"

"Da iawn, dw i'n falch iawn."

Doedd Mam ddim yn poeni bod ei hunig blentyn yn
priodi. Poeni roedd hi bod ei hunig blentyn yn dechrau troi'n
Hwntw!

Elwyn Hughes

Geiriau

hyd yn oed – *even*
cynnal sgwrs – *to hold a conversation*
Eidaleg – *Italian*
ymdrech – *effort*
ystum,iau – *gesture,s*
clasur – *classic*
cyfaddef – *to admit, to confess*
acen – *accent*
llithro – *to slip*
pybyr – *staunch, committed*
dyweddïo – *to get engaged*
tawelwch – *silence*
Hwntw – *South Walian*

Mae Mary Graham yn wraig ac yn fam. Mae hi'n wrach hefyd.

Dydy llawer o bobl ddim yn hoffi gwrachod. Mewn rhai lleoedd, mae gwrachod wedi gorfod gadael eu cartrefi achos bod pobl yn gas. Mae rhai pobl mewn capeli wedi rhybuddio rhag gwrachod ac mae rhai pobl eisiau rhoi stop ar ddathlu Calan Gaeaf.

Dydy pawb yng Nghastellnewydd Emlyn ddim yn hoffi gwrachod chwaith, meddai Mary Graham – ond does dim problemau mawr.

"Does neb yn dweud dim byd i'n hwynebau ni," meddai. "'Dyn ni'n trio cadw'r peth yn dawel." Ond dydy hi ddim eisiau cael ei llun yn y llyfr – rhag ofn.

Dydy llawer o bobl ddim yn deall gwrachod, meddai Mary Graham. Mae hi'n wrach ond dydy hi ddim yn gwisgo het fawr ddu nac yn hedfan ar hen frwsh. Dydy hi ddim yn defnyddio'r gair 'gwrach'. Mae hi'n defnyddio'r gair 'gwiddon'. Mae hi'n gwneud ei hud a lledrith yn dawel.

"'Dyn ni'n gweithio er lles y gymuned," meddai Mary, sy'n byw yn ardal Castellnewydd Emlyn. Mae ei gŵr, Nick, yn widdon hefyd.

Mae dwy ochr i'w gwaith:

★ Crefyddol – byddan nhw'n dathlu gwyliau paganaidd fel Calan Gaeaf. Mae wyth o wyliau i gyd.

★ Hud a lledrith – maen nhw'n dweud eu bod nhw'n defnyddio hud a lledrith i wella pobl – trwy ddychmygu'r person yn gwella.

Dim ond pobl sy'n gofyn am help sy'n cael eu gwella. "'Dyn ni'n gweddïo drostyn nhw bob dydd," meddai Mary.

Maen nhw'n gweddïo i lawer o dduwiau a duwiesau. Mae

gan rai o'r duwiau enwau Cymraeg sy'n dod o straeon fel y Mabinogi.

Bob Noson Calan Gaeaf mae Mary a Nick yn dathlu ac yn gwledda. Maen nhw'n cofio am bobl sy wedi marw. Maen nhw'n gwisgo dillad arbennig hefyd – gŵn arian hir (y lleuad) a gŵn aur hir (yr haul). Mae Mary Graham yn dweud bod rhaid gwisgo dillad arbennig – basai dillad pob dydd yn amharu ar yr hud a lledrith.

"'Dyn ni'n cynnal defod ac yn rhoi mawl i'r duwiau a'r duwiesau," meddai hi. "'Dyn ni'n eistedd yn dawel ac yn meddwl am bobl sy wedi marw ac yna'n yfed ac yn bwyta i gofio amdanyn nhw."

Geiriau

gwrach,od – *witch,es*
gorfod – *to have to*
rhybuddio rhag – *to warn against*
Calan Gaeaf – *Halloween*
rhag ofn – *in case*
gwiddon,od – *witch,es, sorcerer,s*
hud a lledrith – *magic*
er lles y gymuned – *for the good of the community*
crefyddol – *religious*
dychmygu – *to imagine*
gweddïo – *to pray*
gwledda – *to feast*
gŵn, gynau – *gown,s*
amharu ar – *to interfere with*
defod – *ritual*
mawl – *praise*

Fy mywyd mewn pedwar polaroid

'Dach chi'n gweld y llun yma? Dw i'n cofio'r diwrnod yn glir. Dyma'r diwrnod oedd Taid yn dathlu ei ben-blwydd yn 99 oed. Roedd y teulu i gyd wedi mynd i'r cartre i ddathlu. Roedd yna dipyn o ffys a theisen yr un maint â bws! Roedd Taid wrth ei fodd efo'r sylw i gyd. Welwch chi bawb yn gwenu fel gatiau? Un teulu mawr hapus.

Mae yna reswm arall dros gofio'r diwrnod hwn hefyd. Welwch chi'r ddynas yn yr iwnifform las? Marcia ydy hi. Roedd hi'n gweithio yn y cartre. Roeddwn i wedi bod yn siarad a thynnu coes efo hi ers wythnosau. Ond dyna'r diwrnod ofynnais i iddi fynd i'r pictiwrs am y tro cynta – ac mi gytunodd hi. Dyna pam dwi'n gwenu fel giât yn y llun.

Welwch chi hwn? Fi a Marcia ar ddiwrnod ein priodas. Edrychwch ar fy siwt smart! 'Dyn ni newydd dorri'r gacen a dw i'n gafael yn y gyllell. Mae Marcia yn edrych mor hardd, tydi? Mae'n amlwg fod rhywun newydd ddweud jôc achos mae'r ddau ohonon ni'n chwerthin. Aethon ni i Malaga'r bore wedyn.

Dw i'n cofio ein ffrae gynta. Roedd Marcia wedi bod yn siarad efo Sbaenwr golygus yn y bar. Roeddwn i'n meddwl ei bod hi'n fflyrtio. Pan ddaethon ni adre o'r mis mêl, roedd Taid wedi marw yn ei gwsg. Roedd o'n 102 oed ac yn cysgu bob nos efo'i delegram gan y Frenhines wrth y gwely.

Be am hwn 'ta? Fi a'r plant yn Alton Towers. Mae Huw newydd rwbio hufen iâ ar gefn Guto ac mae Guto wedi cael stŵr gan Marcia am gicio Huw. Dyna pam 'dan nhw ddim yn gwenu. A dw i ddim yn gwenu chwaith. Roedd hyn ar ôl i Marcia orffen yr affêr efo Daniel Jackson o'i swyddfa hi. Wnaeth yr affêr ddim para'n hir. Ond ar ôl i mi ddarganfod eu bod nhw wedi bod yn Brighton efo'i gilydd mi wnaeth rhan o fy nghalon i farw. Wrth gwrs, doedd hynny ddim yn esgus i'w tharo hi. Dwi'n deall hynny rŵan. Ond, ar y pryd, roeddwn i mor wyllt. Dw i wedi bod yn wyllt erioed. Yn llawer rhy barod i ymateb yn fyrbwyll. Roeddwn i'n teimlo'n ofnadwy. Ond torrodd hi fy nghalon i.

Mae'r heddlu newydd dynnu fy llun. Mae hi'n hanner awr wedi tri yn y bore a dw i wedi bod yn y gell ers oriau. Mae hi mor oer. Dw i ddim yn gallu teimlo fy nhraed. Dw i ddim yn gallu teimlo dim byd. Mae'r gyllell mewn cwdyn plastig. *Case number:* 569QWR4. Ymosodiad ar Marcia Huws, 53 oed. Doeddwn i ddim wedi meddwl ei brifo hi. Roedd hi wedi bod allan efo Jim Bailey ac roeddwn i wedi eu gweld nhw'n cusanu yn y car cyn iddi hi ddod i mewn i'r tŷ. Mi wylltiais i. Dyna pam roedd y gyllell gen i. Yr union gyllell oedd wedi torri'r gacen briodas yr holl flynyddoedd yn ôl. Diwrnod hapusa fy mywyd oedd hwnnw. Roedd Marcia a finnau yn gwenu ac yn chwerthin trwy'r dydd. Mae'r llun yn fy meddwl o hyd.

Euron Griffith

Geiriau

welwch chi? – *can you see?*
rheswm – *reason*
cyllell – *knife*
ffrae – *argument*
golygus – *good-looking*
y Frenhines – *the Queen*
rhwbio – *to rub*
cael stŵr – *to be told off*
para – *to last* (< parhau)
darganfod – *to discover*
taro – *to hit*
yn fyrbwyll – *wildly*
ymosodiad – *attack*
brifo (gog) = rhoi dolur (de) – *to hurt*
gwylltio – *to get angry*
union – *exact*

Cofio... T E Lawrence

Peter O'Toole fel Lawrence of Arabia

Pwy ydy e?
Thomas Edward Lawrence

Pwy?
Lawrence of Tremadog

Pwy?
Wel, mae llawer o bobl yn ei alw fo'n Lawrence of Arabia.

O ie! Y ffilm.
Ffilm enwog iawn.Wyt ti wedi ei gweld hi?

Yyy, naddo.
Mae hi'n ffilm am ddyn enwog o'r enw Lawrence...

... Ac roedd o'n dod o Arabia.
Nac oedd! Roedd o'n dod o Gymru – o bentre Tremadog yng ngogledd Cymru.

Ond Peter O'Toole ydy Lawrence yn y ffilm. Ac roedd Peter O'Toole yn dod o Iwerddon. A gŵr Siân Phillips oedd Peter O'Toole, ac mae hi'n Gymraes!

Cymhleth iawn. Sut cafodd Lawrence ei enw?
Syr Thomas Chapman oedd tad Lawrence. Rhedodd o i ffwrdd efo Sarah Junner. Roedd hi'n dysgu ei ferched o. Cymeron nhw'r enw Lawrence.

Roedd ei dad o'n dipyn o gymeriad, 'te!
Roedd Lawrence yn gymeriad hefyd. Roedd o'n gwisgo fel Arab er mwyn twyllo byddin Twrci.

Pam?

Adeg y Rhyfel Byd Cyntaf cafodd Lawrence ei anfon i Cairo. Roedd o'n helpu'r Arabiaid yn erbyn Twrci.

Pwy enillodd?

Lawrence wrth gwrs.

Sut buodd o farw?

Mewn ffordd ddramatig – fel ei fywyd dramatig. Cafodd o ddamwain ar feic modur.

Beth oedd ei eiriau ola?

Wn i ddim. Ond dwedodd o unwaith, "Ces i fy ngeni'n Gymro. Bydda i'n marw'n Gymro."

Pam 'dyn ni'n ei gofio fo heddiw?

Ar ôl i T E Lawrence helpu'r Arabiaid, cafodd yr Arabiaid wledydd newydd… fel Irác.

Wyddoch chi?:

Mae Snowdon Lodge, hen gartre Lawrence, yn hostel ac mae'n bosib i chi aros yno. Ar y tŷ, mae carreg gyda'r geiriau 'Dyma dŷ Lawrence o Arabia'.

Geiriau

cymhleth – *complicated*
cymeriad – *character*
twyllo – *to trick*
byddin – *army*
wyddoch chi? – *do you know?*

Y frongoch

"Ie, fi oedd pennaeth yr ysgol gynradd yn y pentre cyn i fi orfod gorffen oherwydd oedran ac afiechyd." Edrychodd Dewi Griffiths trwy ffenest ei stafell a gadael i'w feddwl grwydro.

"Mae'r ysgol wedi cau erbyn hyn ac yn dŷ haf nawr, gwaetha'r modd. Dw i'n cofio wynebau'r plant yn llawn diddordeb, yn arbennig wrth wrando'n astud ar y wers natur ar brynhawn Gwener bob wythnos.

"Gwrandewch, 'dych chi'n gallu ei chlywed yn canu'n uchel yn y ddraenen wen. Dydy hi ddim yn poeni am wyntoedd cryf yr hydref. Y frongoch ydy hi gyda'i bron goch falch. Ysbryd unigol yn gofalu am ei milltir sgwâr ei hun.

"Mae ffenest y lolfa'n edrych allan ar y gerddi pert. Dyma ble dw i'n treulio'r rhan fwya o fy amser er mwyn dianc rhag bywyd bob dydd Bron y Grug, y cartre hen bobl. Trwy'r

ffenest, dw i'n gweld bywyd bob dydd yr adar sy'n ymweld â ni, yn arbennig fy hen gyfaill, y frongoch.

"Dw i yma yn y cartre ers marwolaeth fy annwyl wraig, Gwen. Oherwydd y cryd cymalau, roedd hi'n amhosib i fi ymdopi ar fy mhen fy hun, gwaetha'r modd. Mae'r gofalwyr i gyd yn garedig dros ben, ond dw i'n cael trafferth ymdopi gyda rheolau bob dydd y cartre. Ysbryd unigol ydw i hefyd.

"Ond, daeth newid ar fyd pan gyrhaeddodd Susie fel gofalwraig newydd yn y cartre. Roedd Susie'n gyn-ddisgybl i fi yn Ysgol y Grug ac aeth hi ymlaen i'r brifysgol i astudio Cymraeg. Mae hi wedi priodi â ffermwr lleol o'r enw Maldwyn Thomas erbyn hyn. Des i a Susie'n gyfeillion agos yn fuan iawn ac roeddwn i'n cael croeso cynnes gan ei gŵr bob tro roeddwn i'n ymweld â'u fferm y tu allan i'r pentre.

"Mae Susie'n weithgar iawn yn y gymuned fel tiwtor dosbarth nos Cymraeg yn y pentre. Ces i gyfle i ymweld â'r dosbarth i siarad am fy amser yn dysgu mewn ysgol gynradd trwy gyfrwng y Gymraeg. Roedd hi'n braf gweld cymaint o fewnfudwyr i'r pentre yn dysgu'r iaith er bod nifer y siaradwyr Cymraeg yn yr ardal yn mynd yn llai ac yn llai.

"Dw i'n edrych ymlaen at weld Susie heddiw. Mae hi ar absenoldeb mamolaeth ar hyn o bryd, ond mae hi'n mynd i alw i mewn er mwyn i bawb gael gweld y babi newydd."

Cafodd Dewi gip ar y frongoch trwy'r ffenest cyn mynd i gysgu yn ei gadair. Cyn bo hir, clywodd e rywun yn siarad.

"Shwmae, Mr Griffiths? Dw i wedi dod â chyfaill newydd i chi. Dyma fe, Dewi bach. Mr Griffiths, wnewch chi fod yn dad bedydd i Dewi? Byddai Maldwyn a fi wrth ein bodd."

Edrychodd Dewi ar Dewi bach, a thrwy'r ffenest clywodd e'r frongoch yn canu nerth corff ac enaid.

Malcolm Llywelyn

Geiriau

brongoch – *robin (redbreast)*
afiechyd – *ill health*
crwydro – *to roam*
gwaetha'r modd – *unfortunately*
astud – *attentive*
y ddraenen wen – *hawthorn*
ysbryd unigol – *a solitary spirit*
milltir sgwâr – *square mile*
dianc – *to escape*
cyfaill – *friend*
cryd cymalau – *rheumatism*
ymdopi – *to cope*
gofalwr, gofalwyr – *carer,s*
rheol,au – *rule,s*
gweithgar – *hard-working*
cymuned – *community*
trwy gyfrwng – *through the medium*
mewnfudwr, mewnfudwyr – *incomer,s*
absenoldeb mamolaeth – *maternity leave*
cael cip ar – *to catch sight of*
tad bedydd – *godfather*
nerth corff ac enaid – *with the strength of body and soul, i.e. in full song*

Eisteddfod y bwyd

'Dach chi'n poeni am beth 'dach chi'n ei fwyta? 'Dach chi'n poeni o ble mae bwyd yn dod?

Dydy hi ddim yn anodd cael bwyd lleol. Mae llawer iawn o fwyd da yn dod o Gymru. 'Dach chi'n gallu prynu bwyd Cymreig mewn siopau bach lleol e.e. siop y cigydd, siop fara, siop organig, mewn marchnadoedd ffermwyr, siopau fferm, ffeiriau a sioeau mawr a bach. 'Dach chi'n gallu edrych ar y we a phrynu gan y cynhyrchwyr. Mae rhai archfarchnadoedd yn gwerthu bwydydd Cymreig.

Ffair Aeaf Llanelwedd

Mae bwyd a diod o Gymru ar werth yn y Ffair Aeaf yn Llanelwedd, ger Llanfair-ym-Muallt, bob blwyddyn. Fel arfer, mae tua 50 o stondinau yn y neuadd fwyd.

"Mae'r neuadd fwyd yn boblogaidd iawn," meddai Arwyn Williams, Gweithredydd Marchnata'r Ffair Aeaf. "Mae pobl yn penderfynu prynu mwy a mwy o fwyd Cymreig.

"Mae siopwyr yn gofyn mwy o gwestiynau. Mae'r archfarchnadoedd yn rhoi mwy o ddewis i siopwyr. Mae cig eidion Marks and Spencer yn dod o gig Gwartheg Duon Cymreig."

Yn ogystal â'r neuadd fwyd mae yna neuadd anrhegion hefyd. Ar werth mae gemwaith, hen bethau, cardiau o waith llaw a theganau pren. Mae cystadlaethau da byw a sioe helgwn a chystadlaethau cynnyrch, crefftau a threfnu blodau.

Geiriau
lleol — *local*
cynhyrchwr, cynhyrchwyr — *producer,s*
Llanfair-ym-Muallt — *Builth Wells*
poblogaidd — *popular*
Gweithredydd Marchnata — *Marketing Executive*
Gwartheg Duon Cymreig — *Welsh Black cattle*
da byw — *livestock*
helgi, helgwn - *hound,s*
cynnyrch - *produce*

Mae sioe arall yn digwydd rai dyddiau cyn y Ffair Aeaf yn Llanelwedd — Sioe Aeaf Môn, ar Ynys Môn.

"Mae'n lle da i ddechrau cystadlu," meddai Aled Hughes, gweinyddwr y sioe. "Mae'n rhoi hyder i bobl fynd ymlaen i gystadlu yn y Ffair Aeaf yn Llanelwedd. Mae'n rhoi mwy o gyfle i ennill gwobr. Mae rhai ffermwyr yn dweud bod Llanelwedd yn rhy bell."

Mae tua 20–30 o stondinau masnach i gyd. 'Dach chi'n gallu gweld gwartheg, moch a defaid, cynnyrch fferm ac arddangosfeydd coginio a blodau.

Geiriau
gweinyddwr — *administrator*
hyder — *confidence*
cyfle — *opportunity*
masnach — *commerce*
arddangosfa, arddangosfeydd — *exhibition,s*

Anna Marie

Roedd Eglwys y Santes Fair yn llawn. Roedd cannoedd o bobl yno a phawb yn gwisgo du. Roedd teulu Anna Marie i gyd yno, ei ffrindiau a phobl gwaith. Yn nhafarn y Red Lion roedd Anna Marie yn gweithio ac roedd hi'n nabod pawb yn y dref glan y môr ble roedd hi'n byw.

Wrth gerdded adref o'r Red Lion un noson aeth hi ar goll. Wnaeth Anna Marie ddim cyrraedd adre y noson honno, na'r noson ar ôl hynny, na'r noson ar ôl hynny chwaith. Pan ddaeth yr heddlu at ddrws tŷ ei rhieni dair wythnos wedyn, roedden nhw'n gwybod un peth… roedd Anna Marie wedi marw.

Cafodd Anna Marie ei dympio mewn coedwig dri deg milltir i ffwrdd. Cafodd hi ei darganfod gan ddyn oedd yn mynd â'i gi am dro. Buodd yr heddlu'n chwilio a chwilio, ond doedden nhw ddim yn gallu dod o hyd i'r person oedd wedi ei lladd hi.

Roedd rhieni Anna Marie yn torri eu calonnau. Doedd ei chwaer fawr ddim wedi stopio crio ers i'w chorff hi gael ei ddarganfod. Roedd ei brawd bach hi wedi dychryn yn ofnadwy. Doedd o ddim wedi siarad â neb ers y diwrnod pan ddaeth yr heddlu i'r tŷ a thorri'r newyddion. Deunaw oed oedd Anna Marie ac roedd ei theulu hi yn ei charu hi'n fwy na dim byd. Doedd eu bywydau nhw byth yn mynd i fod yr un fath eto.

Doedd bywyd Richard Radcliffe byth yn mynd i fod yr un fath chwaith. Roedd o'n caru Anna Marie hefyd. Roedd o wedi ei charu hi o'r eiliad cyntaf y gwelodd o hi. Dyna ble roedd hi, yn chwerthin yn braf wrth dynnu peint y tu ôl i far y Red Lion, ei llygaid glas hi'n dawnsio.

Oedd, roedd o'n ei charu hi. Ac fe ddwedodd Richard Radcliffe hynny wrth Anna Marie y noson aeth hi ar goll.

Roedd o wedi disgwyl iddi hi ddweud ei bod hi'n ei garu o hefyd. Roedd hi bob amser yn glên efo Richard ac yn chwerthin am ben ei jôcs wrth far y Red Lion.

"Dw i'n dy garu di. Dw i eisiau i ni fod efo'n gilydd – am byth," meddai Richard wrth Anna Marie. Roedd o'n disgwyl iddi hi ddweud yr un peth. Ond chwerthin am ei ben o wnaeth Anna Marie.

Dwedodd hi: "Dw i ddim yn dy garu di. Dw i ddim eisiau bod efo ti. Dwyt ti ddim yn gall."

Dyna pryd gwylltiodd Richard. Doedd neb yn cael chwerthin am ei ben o. Neb. Dyna pam roedd Richard wedi dympio Anna Marie yn y goedwig.

Gwyliodd Richard arch Anna Marie'n cael ei chario i ben draw'r fynwent. Gwyliodd o'r arch yn cael ei rhoi yn y twll du. Roedd o'n gwybod un peth – tasai merch arall yn chwerthin am ei ben o, mi fasai'n ei dympio hi yn y goedwig hefyd...

Gwenno Hughes

Lawr ar lan y môr!

Traeth Niwgwl

'Dan ni'n lwcus iawn yng Nghymru. Mae traethau hardd a diddorol iawn yma. Mae gwyliau glan y môr wedi bod yn boblogaidd ers amser. Erbyn diwedd yr 1930au, roedd 15 miliwn o bobl yn mynd ar wyliau i'r trefi glan y môr ym Mhrydain.

Mae mynd ar gefn asyn ar hyd y traeth wedi bod yn boblogaidd ers Oes Fictoria. Daeth y rysáit cynta am hufen iâ allan yn 1718. Pwy sy'n gwneud hufen iâ gorau Cymru? Dyma rai: Cadwaladers, Joe's, Frank's, Hufenfa Llanfaes, Minoli's o Machen, ac mae hufen iâ mêl Aberaeron yn fendigedig!

Mae dros 750 milltir o arfordir yng Nghymru. Mae 42 o draethau Cymru wedi ennill Gwobr Ryngwladol y Faner Las. Pam? Achos maen nhw'n lân ac yn ddiogel. Mae cyfoeth o fywyd gwyllt... ar hyd yr arfordir ac o dan y môr. Mae'n bosib gweld dolffiniaid trwyn potel a morloi. Edrychwch am grancod a'r amrywiaeth eang o adar y môr sy'n nythu ar yr arfordir.

Traeth Niwbwrch ac Ynys Llanddwyn: Arfordir de-orllewin Ynys Môn

Dyma draeth hyfryd gyda thywod euraidd, lle da i dorheulo a nofio yn y môr. Mae'n bosib gweld mynyddoedd Eryri a

Phen Llŷn oddi yma. Mae'n bosib cerdded o draeth Niwbwrch i'r warchodfa natur ar Ynys Llanddwyn. Roedd Dwynwen, santes y cariadon, yn byw yno.

Y Rhyl yn Sir Ddinbych: Arfordir y Gogledd-Ddwyrain

Dyma dref glan y môr hyna gogledd Cymru ac mae'n denu ymwelwyr ers dros 150 o flynyddoedd. Mae dwy filltir o draethau glân yno. 'Dych chi'n gallu bwyta candi-fflos, mynd i'r arcêds a mynd ar gefn asynnod ar y traeth.

Cyn 1700, tir corslyd oedd y Rhyl ond, erbyn 1900, roedd wedi tyfu'n dref glan y môr boblogaidd. Roedd 200 o gytiau newid ar y traeth. Yn 1903, daeth Buffalo Bill i'r Rhyl i berfformio ei sioe 'Wild West'.

Heddiw, 'dych chi'n gallu mynd i'r traeth, yr Heulfan a'r ffair i'r plant ar y promenâd. Mae llwybr 1.75 milltir ar hyd glan y môr i'r rhai sy'n hoffi cerdded.

Dinas Dinlle: Gogledd Gwynedd, 5 milltir o dref Caernarfon

Mae'r traeth braf yma'n boblogaidd gyda phobl leol ac ymwelwyr. 'Dych chi'n gallu mwynhau golygfeydd gwych o Benrhyn Llŷn ac Ynys Môn o'r awyr achos mae'n bosib hedfan o faes awyr bach Caernarfon gerllaw.

Mae Dinas Dinlle'n cael ei gysylltu gyda chwedlau'r Mabinogi. Straeon o'r Oesoedd Canol ydy'r rhain. Mae olion Caer Arianrhod ger Dinas Dinlle. Tywysoges oedd Arianrhod yn y Mabinogi.

Traethau Sir Benfro: Arfordir y Gorllewin

Mae dros 50 o draethau bendigedig yma. Mae llawer wedi ennill gwobrau. Mae syrffwyr yn hoffi traethau Sir Benfro, e.e. traethau Freshwater, Traeth Mawr, Niwgwl ac Abereiddi. Mae traethau fel Saundersfoot a Dinbych-y-pysgod yn boblogaidd iawn gyda theuluoedd. Mae'r traethau'n fawr a'r dŵr yn fas – perffaith ar gyfer nofio.

'Dych chi'n gallu mynd i gerdded ar Lwybr Arfordir Sir Benfro – 186 milltir o hyd!

Penrhyn Gŵyr: Arfordir y De-orllewin, ger Abertawe

Mae yma 34 milltir o arfordir gyda dros 50 o draethau bendigedig ac mae llawer wedi ennill gwobrau. Mae traeth Bae Oxwich yn baradwys i gerddwyr, syrffwyr a theuluoedd. Ewch am dro i glogwyn traeth Rhosili, y seithfed lle mwya poblogaidd yn y byd ar gyfer tynnu llun y machlud. Mae'r traethau ar ran ogleddol Penrhyn Gŵyr, fel traeth Pen-clawdd, yn bwysig iawn i'r diwydiant cocos.

Traeth Rhosili

Geiriau

asyn – *donkey*
arfordir – *coast*
Gwobr Ryngwladol – *International Award*
diogel – *safe*
cyfoeth – *wealth*
trwyn potel – *bottle-nosed*
morlo,i – *seal,s*
cranc,od – *crab,s*
amrywiaeth – *variety*
nythu – *to nest*
euraidd – *golden*
oddi yma – *from here*
gwarchodfa natur – *nature reserve*
santes y cariadon – *patron saint of lovers*
corslyd – *marshy*
cwt, cytiau – *hut,s*
yr Heulfan – *Sun Centre*
gerllaw – *nearby*
straeon - *stories*
Oesoedd Canol – *Middle Ages*
tywysoges – *princess*
Traeth Mawr – *Whitesands*
Niwgwl – *Newgale*
bas – *shallow*
o hyd – *in length*
paradwys – *paradise*
clogwyn – *cliff*
machlud – *sunset*
diwydiant – *industry*
cocos – *cockles*

Disgyn

"Ti fydd yn disgyn gynta," meddai Ben yn bendant wrth Heulwen.

"Nage siŵr," meddai Heulwen. "Rwyt ti'n hŷn na fi."

"Cei di weld," meddai Ben. "Rwyt ti'n wan, rwyt ti'n fregus, rwyt ti'n siŵr o ddisgyn cyn fi."

"Mae'n ffordd bell," meddai Heulwen yn ofnus wrth edrych i lawr.

"Ydi," meddai Ben, "yn ffordd bell iawn."

"Dw i ddim eisiau disgyn," meddai Heulwen. "Dw i'n hoffi bod i fyny fan hyn. Dw i'n gallu gweld y byd i gyd."

"Does neb yn gallu gweld y byd i gyd," chwarddodd Ben. "Dim ond gofodwyr."

"Wel, mae'n well gen i fod i fyny'n uchel," meddai Heulwen yn bwdlyd. "Mae'n dywyll i lawr yn y gwaelod."

Bob tro roedd Heulwen yn edrych i lawr, roedd ofn yn dod drosti. Roedd yn well o lawer ganddi edrych i fyny a theimlo gwres yr haul yn ei chusanu, yn ei chynhesu.

"Un awel fwyn ac mi fyddi di'n disgyn," meddai Ben yn gas. "Dw i'n gryf, dw i'n iach, mi fydda i'n siŵr o aros yma drwy'r gaeaf."

"Beth ydy'r sŵn yna?" gofynnodd Heulwen yn nerfus wrth glywed sŵn chwythu.

"Sŵn y gwynt," meddai Ben. "Gwynt yr hydref. Mae e'n dod."

"Oooo!" criodd Heulwen. "Mae arna i ofn!"

"Wel!" meddai Ben. "Hwyl fawr i ti. Mae hi wedi bod yn bleser dy nabod di. Fyddi di ddim yma'n hir."

"Aaaa! Dw i'n dod yn rhydd!" gwaeddodd Heulwen, gan deimlo'r gwynt yn ei thynnu.

"Aaaa! A finnau hefyd," criodd Ben, yn ofnus nawr.

★

Mynd am dro drwy'r coedwig oedd y bachgen bach a'i fam. Roedd gan y bachgen feic tair olwyn coch a melyn, ond roedd e wedi blino mynd ar gefn y beic. Roedd hi'n well ganddo redeg drwy'r coed. Cyflymach o lawer na mynd ar gefn y beic.

Gafaelodd y fam yn y beic lle gadawodd y bachgen e, ar ochr y llwybr.

"Fi sy'n mynd i gario dy feic di adre, ie?" gofynnodd gan wenu.

Chlywodd y bachgen ddim: roedd e'n rhy brysur yn rhedeg drwy'r goedwig o flaen ei fam, wrth ei fodd yn cicio'r dail a chlywed eu sŵn dan ei draed.

Daeth at goeden fawr dal. Derwen oedd hi, ond doedd y bachgen bach ddim yn gwybod hynny eto. Coeden oedd hi iddo fe, dyna i gyd.

Ar y llawr o dan y goeden roedd pentwr o ddail yr hydref yn gorwedd.

"Mam!" gwaeddodd y bachgen bach, gan blygu i godi un o'r dail. "Dail yr hydref! Gaf i fynd â hon adre gyda fi? Mae hi'n goch ac yn felyn ac yn oren."

"Cei siŵr," meddai ei fam yn annwyl. "Fe gei di ei rhoi hi ar y silff ben tân."

"Ie," gwaeddodd y bachgen yn llawn cyffro, "i bawb gael edrych arni a dweud: dyna ddeilen brydferth!"

Cododd y bachgen bach y ddeilen hardd yn ofalus a chrensian y dail eraill o dan ei draed. Rhoddodd y ddeilen yn llaw ei fam, y llaw oedd ddim yn dal y beic.

"Gwell i ni fynd adre," meddai hi. "Mae'n amser swper."

"Hwyl fawr, Ben!" galwodd Heulwen yn hapus.

Chlywodd y bachgen bach ddim, na'i fam chwaith.

Ond fe glywodd Ben.

Lleucu Roberts

Geiriau

pendant – *definite*
hŷn – *older*
bregus – *fragile*
ofnus – *scared*
chwarddodd < chwerthin – *he laughed* < *to laugh*
gofodwr, gofodwyr – *spaceman, spacemen*
pwdlyd – *sulky*
gwaelod – *bottom*
cynhesu – *to warm*
awel - *breeze*
mwyn – *gentle*
rhydd – *free, loose*
gafael yn – *to take hold of*
gwenu – *to smile*
pentwr – *heap*
deilen, dail – *leaf, leaves*
plygu – *to bend down*
silff ben tân – *mantelpiece*
crensian – *to crunch*

10 cwestiwn Simon Weston

Cafodd Simon Weston ei losgi ar long y *Sir Galahad* yn Rhyfel y Falklands.

O ble 'dych chi'n dod yn wreiddiol?
O Nelson (Ffos y Gerddinen yn Gymraeg) yn y Cymoedd. Dw i'n byw yng Nghaerdydd nawr ac mae tri o blant gyda fi – James, Stuart a Caitlin.

Roeddech chi ar long y *Sir Galahad* pan gafodd hi ei bomio yn 1982. Beth ydy'ch atgofion chi?
Roedd e'n brofiad ofnadwy – dydy llawer o'r milwyr ddim yn gallu anghofio, hyd yn oed heddiw. 'Dyn nhw ddim yn gallu cysgu'r nos. Dw i wedi bod yn lwcus. Mae'r hunllefau wedi fy ngadael i a dw i wedi gallu parhau â fy mywyd.

Oeddech chi'n meddwl weithiau – fydda i byth yn 'normal' eto?
Na. Dw i ddim yn credu mewn bywyd 'normal'. Dw i ddim yn byw mewn breuddwyd. Mae bywyd yn llawn problemau. Mae'n rhaid i bawb ymdopi â nhw.

'Dych chi wedi cael llawer o driniaeth boenus. Beth sy'n eich helpu chi i gario ymlaen?
Y teimlad o fod eisiau byw bywyd hapus. Fe ddigwyddodd hynny ar ôl i fi gwrdd â fy ngwraig a chael tri o blant.

Oeddech chi'n teimlo fel person gwahanol?
Na, yr un person dw i o hyd. Mae'r un gobeithion gyda fi o hyd. Mae'r anafiadau wedi gwneud i fi drio bod yn berson gwell.

Sut oedd pobl yn ymateb i chi?

Roedd pawb yn edrych arna i. Fel arfer, 'dych chi'n gweld lluniau o bobl wedi llosgi mewn cylchgronau, ond 'dych chi ddim yn eu gweld nhw yn eich bywyd bob dydd.

'Dych chi'n hoffi cael eich nabod?

Mae'n well gyda fi gael fy nabod am beth dw i wedi ei wneud.

Dechreuoch chi elusen o'r enw Weston Spirit, elusen i bobl ifanc, 'nôl yn 1988. Sut mae pethau'n mynd?

Mae byd elusennau'n anodd. Rhaid gweithio'n galed. Does dim llawer o bobl yn sylweddoli hynny. Ond mae'r elusen yn mynd ers 25 o flynyddoedd nawr ac mae'n mynd yn dda.

'Dych chi'n siarad Cymraeg...?

Roedd *The Big Welsh Challenge* yn gyfle i fi wneud rhywbeth roeddwn i wir eisiau ei wneud. Dw i wedi cael llond bol ar wylio rygbi ar S4C heb ddeall y sylwebaeth! Roeddwn i fel twrist yn fy ngwlad fy hun. Y peth mwya anodd oedd dechrau'r broses o ddysgu ac ynganu rhai geiriau.

Geiriau

rhyfel – *war*
Cymoedd – *Valleys*
milwr, milwyr – *soldier,s*
hunllef,au – *nightmare,s*
parhau â – *to carry on with*
triniaeth – *treatment*
gobaith, gobeithion – *hope,s*
anaf,iadau – *injury, injuries*
ymateb – *to react*
cylchgrawn, cylchgronau – *magazine,s*
elusen – *charity*
sylwebaeth – *commentary*
ynganu – *to pronounce*

Dweud ei ddweud

Mae Simon Weston wedi cwrdd â'r peilot oedd wedi gollwng y bom ar long y *Sir Galahad*. Mae rhai pobl yn gofyn: "Sut wyt ti'n gallu bod yn ffrindiau gyda'r Archentwr achosodd dy anafiadau di?"

"Dw i ddim yn poeni os ydy pobl yn fy meirniadu i am beth dw i'n ei wneud," meddai Simon. "Ond dw i'n gobeithio bod pobl yn deall pam dw i'n gwneud beth dw i'n ei wneud."

Mae Simon yn barod iawn i ddweud ei ddweud hefyd.

Doedd dadl Tony Blair dros fynd i Irác "ddim yn dal dŵr," meddai. Mae e wedi beirniadu Nicolas Sarkozy, Arlywydd Ffrainc, am beidio â dod i seremoni ryfel. Mae e wedi siarad yn erbyn toriadau yn y Weinyddiaeth Amddiffyn hefyd.

Geiriau

dweud ei ddweud – *to speak his mind*
gollwng – *to drop*
Archentwr – *Argentinian*
achosi – *to cause*
beirniadu – *to criticize*
dadl – *argument*
dal dŵr – *(lit.) hold water = add up*
Arlywydd – *President*
toriadau – *cuts*
Y Weinyddiaeth Amddiffyn – *Ministry of Defence*

Ar y lein

"Dw i ar y trên!"

Mae'r ddau'n edrych ar ei gilydd, yn rhowlio eu llygaid ac yn rhannu gwên.

Dydyn nhw ddim wedi cyrraedd Penmaenmawr eto ond mae'r 'pen bach' yn y sedd y tu ôl iddyn nhw am wneud yn siŵr bod pawb yn ei ffôn yn gwybod yn union ble mae o a ble mae o'n mynd.

'Teimlad digon braf ydi hynny hefyd mae'n siŵr,' mae Eifion yn meddwl. 'Does gen i ddim syniad lle dw i, na lle dw i'n mynd.'

Na, dydy Eifion ddim yn dechrau colli ei gof. Mae o ar ei ffordd i gyfarfod yn Llundain. Mae'n gwybod hynny. Mae ei ysgrifenyddes wedi nodi'r manylion yn ei ddyddiadur. Cyfarfod am hanner awr wedi un. Dal trên yn ôl adre am bump. Ac mae o'n gwybod y bydd Mair wedi gadael caserol yn y popty iddo fo fel arfer. Wedyn, diwrnod arall o gyfarfodydd yfory. Does dim rhaid iddo fo deithio i nunlle yfory. Mae'r cyfarfodydd i gyd yn y swyddfa. Popeth yn glir. Ac eto... Ble mae o ac i ble mae o'n mynd? Does ganddo fo ddim syniad, a dweud y gwir.

Mae'n edrych yn fwy manwl ar y ferch sy'n eistedd yr ochr arall i'r bwrdd bach. Yr un rannodd wên efo fo wrth glywed 'Mr Pen Bach' ar ei ffôn. Merch tua phedwar deg oed. Hyderus, wedi gwisgo'n smart, iPad ar y bwrdd o'i blaen. Ond does dim byd caled yn ei hwyneb. Mae'n wyneb caredig ac mae ei gwên yn ei atgoffa fo o hafau erstalwm. Blas mefus ar wefusau, arogl glaswellt newydd ei dorri...

Pryd wnaeth o edrych mor agos â hyn ar wyneb Mair ddiwetha?

Mae'r ferch yn codi ei phen, ac mae Eifion yn troi i edrych drwy'r ffenest ar y wlad yn gwibio heibio. Dydy o ddim eisiau iddi hi feddwl ei fod o'n ddyn canol oed od, yn cael cic wrth syllu ar ferched dieithr ar drenau.

Clici-ti-clac, clici-ti-clac, clici-ti-clac: mae rhythm cyson y trên yn tawelu ei feddyliau ychydig. Mae o'n cofio ffrind yn dweud wrtho fo unwaith bod teithio mewn llinell syth yn gwneud i chi feddwl yn fwy clir. Clici-ti-clac, clici-ti-clac, clici-ti-clac.

"We are now approaching Chester station, Chester station."

Mae'r llais yn torri ar draws ei feddyliau fel plentyn swnllyd yn chwalu breuddwyd. Mae o'n sylwi bod 'merch yr haf' yn cau ei chôt, yn cadw'r iPad, yn paratoi i adael y trên. Ac er mai 'Llundain' sy ar ei docyn, er mai yn Llundain mae ei gyfarfod, mae Eifion hefyd yn hel ei bethau o ac yn dilyn 'merch yr haf' allan o'r trên.

★

"Mair? Dw i dal yn Llundain." Mae o'n synnu bod y celwydd yn dod mor hawdd. "Cyfarfod wedi rhedeg yn hwyr. Dwi am aros noson yma. Mi wna i ffonio'r swyddfa fory. Wela i di'n fuan."

Mae Eifion yn codi oddi wrth y bwrdd yn y bwyty Eidalaidd ac yn talu'r bil. Mae o'n penderfynu mynd am dro hamddenol ar hyd waliau dinas Caer cyn mynd yn ôl i'r gwesty. Mae o'n dechrau sylweddoli ei fod o'n mwynhau ei gwmni ei hun. Cael amser i feddwl. Bydd o'n ffonio Mair eto yfory.

★

"Mair? Dw i ar y trên."

Ond dydy o ddim yn dweud wrthi hi ei fod o ar ei ffordd i ddal yr Eurostar, ar ei ffordd i Baris. Mae o wedi bod yn meddwl ymweld â Pharis ers blynyddoedd, ond mae o wedi bod yn rhy brysur o hyd. Efallai y bydd o'n aros yno am ddiwrnod neu ddau. Neu fwy.

Clici-ti-clac, clici-ti-clac, clici-ti-clac. Mae o'n dechrau agor map ei daith, yn gwenu wrth glywed arogl y tudalennau newydd.

Annes Glynn

Geiriau

rhannu – *to share*

popty (gog) = ffwrn (de) – *oven*

nunlle (gog) = unman (de) – *nowhere*

manwl – *detailed*

hyderus – *confident*

atgoffa – *to remind*

gwefus,au – *lip,s*

arogl (gog) = gwynt (de) – *smell*

glaswellt – *grass*

gwibio – *to speed*

syllu – *to stare*

person dieithr, pobl ddieithr – *stranger,s*

cyson – *constant*

llinell – *line*

chwalu – *to shatter*

celwydd – *lie*

hamddenol – *casual*

o hyd – *always*

clywed arogl – *to smell*

Ar ddydd San Padrig, 2003

Mae rhyw ofid mawr am ryfel
heddiw yn sŵn y gwynt,
a sloganau am elynion
yn poeri eu hiaith mewn print.

A thros y wlad i gyd
mae clustiau'n gwrando
ar y radio –
yn clustfeinio
am y geiriau
sy'n dweud nad oes rhyfel
heb ddagrau.

Ac ym mhob lolfa
mae llygaid
yn edrych ar y teledu,
yn syllu arno'n hir,
yn disgwyl am y llun
sy'n dweud y gwir.

Ac o flaen y tân
mae breuddwydion yn aros
rhwng gobaith ac ofn,
yn gweddïo am golomen yn gân.

Ond o dan flanced o dawelwch
daw llun o wlad y llwch,
lle mae heddwch yn bell
a bomiau'n drwch.

Yn ein byd
mae rhyw ofid am ryfel
o hyd.

Mererid Hopwood

Stori a Mwy, *gol. Meleri Wyn James, Gomer*

Geiriau
gofid – *sorrow*
gelyn,ion – *enemy, enemies*
poeri – *to spit*
clustfeinio – *to listen intently*
deigryn, dagrau – *tear,s*
colomen – *dove*
llwch – *dust*
heddwch – *peace*
trwch – *a thick layer*

Siarad Cymraeg – yn bell o Gymru

Mae pentre Trevelin yn fach. Mae llawer o'r bobl yn siarad Cymraeg yno. Ond dydy Trevelin ddim yng Nghymru. Mae'r pentre yn bell o Gymru, ger mynyddoedd yr Andes yn yr Ariannin. Mae Trevelin ym Mhatagonia.

Yn 1865 dechreuodd pobl o Gymru fynd i fyw ym Mhatagonia achos roedden nhw eisiau bywyd gwell a mwy o ryddid. Roedden nhw eisiau creu 'Cymru newydd', rhywle i bawb siarad Cymraeg a mynd i'r capel. Felly, penderfynon nhw fynd i fyw yn Ne America – i greu 'Cymru newydd'. Dyn o'r enw Michael D Jones o'r Bala wnaeth y gwaith trefnu gyda llywodraeth yr Ariannin. Mae strydoedd efo enw Michael D Jones ym Mhatagonia. Ond arhosodd o ei hun yng Nghymru. Rhoddodd yr Ariannin 100 milltir sgwâr o dir i'r Cymry ym Mhatagonia.

Aeth y bobl gynta ar long y *Mimosa* o Lerpwl ym mis Mai 1865. Cyrhaeddon nhw Puerto Madryn yn yr Ariannin ym mis Gorffennaf. Ond roedd un broblem fawr. Doedd dim digon o ddŵr ger Puerto Madryn. Felly, symudon nhw i ddyffryn afon Chubut. Roedd ganddyn nhw enw ar y 'Gymru newydd' – Y Wladfa. Daeth mwy o bobl yno yn 1874 ac 1876.

Mae pobl Patagonia yn dathlu 'Diwrnod Glanio' ar 28 Gorffennaf. Maen nhw'n cael cyngherddau, yn canu caneuon ac yn darllen cerddi Cymraeg. Maen nhw'n cael te a chacennau hefyd. Mae dwy Eisteddfod bob blwyddyn. Mae'r Eisteddfod i bobl o dan 20 oed ym mis Medi. Mae'r Eisteddfod i bawb ym mis Hydref. Weithiau mae beirdd o Gymru yn ennill y Gadair.

Mae Cymry Patagonia'n enwog am reswm arall. Nhw oedd y cynta yn y byd i roi hawl pleidleisio i ferched. Mae tref Trelew yn dathlu Diwrnod Annibyniaeth yr Ariannin ar

25 Mai. Mae'r dref wedi cael ei henwi ar ôl Lewis Jones, un o'r bobl gynta i ddod i Batagonia (Tref + Lew). Ffermwyr ydy llawer o'r bobl. Maen nhw'n bridio defaid *merino* am eu gwlân a'u cig.

Mae bywyd gwyllt diddorol ym Mhatagonia – morfilod, morloi, pengwins ac aderyn o'r enw rhea, sy'n debyg i estrys.

"Mae tua 5,000 o siaradwyr Cymraeg ym Mhatagonia heddiw. Mae gan tua 20,000 o bobl wreiddiau Cymreig," meddai Elvey MacDonald, sy'n dod o Batagonia yn wreiddiol. Mae'r rhan fwya'n siarad Cymraeg a Sbaeneg ac mae llawer o bobl yn mynd i ddosbarthiadau i ddysgu Cymraeg. Maen nhw'n siarad Cymraeg da – fel Cymraeg pobl Cymru 100 o flynyddoedd yn ôl. Mae llawer yn dweud, "'Dyn ni'n Archentwyr sy'n siarad Cymraeg."

Geiriau
Yr Ariannin – *Argentina*
rhyddid – *freedom*
llywodraeth – *government*
cerdd,i – *poem,s*
bardd, beirdd – *poet,s*
hawl pleidleisio – *the right to vote*
Diwrnod Annibyniaeth – *Independence Day*
gwlân – *wool*
morfil,od – *whale,s*
estrys – *ostrich*
gwreiddiau – *roots*

Chwarae â thân

Noson oer oedd hi. Noson dywyll. Noson Calan Gaeaf amser maith yn ôl.

Roedd y gwynt yn fain yn y coed. Ond roedd un teulu yn eistedd yng ngwres y tân. Teulu Brythno oedden nhw. Roedden nhw'n gynnes, ond roedd gofid yn eu hoeri nhw.

Roedd Brythno yn bennaeth ar deulu o chwech. Roedd ganddo ddau fab a dwy o ferched. Roedd golwg bell yn llygaid yr hen ddyn. Roedd hi'n amser o'r flwyddyn i edrych yn ôl ac i edrych ymlaen.

Edrychodd Brythno i lygaid y tân. Gwelodd un wreichionen yn codi o'r fflamau. Cofiodd am Llwyd, ei fab hyna. Roedd Llwyd yn ddyn cryf, yn llawn bywyd... tan y frwydr ddiwetha.

Roedd ei fab ifanca yn chwarae gyda bwa a saeth. Roedd e'n saethu i'r tywyllwch.

Brythno oedd ei enw ef, yr un enw â'i dad.

"Af fi gynta," meddai'r tad gan sefyll i fyny'n dal.

Chwiliodd am garreg gyda'i draed. Yna gwelodd hi: carreg ddu fel glo. Cododd hi ac aros am funud fach gan fyseddu'r garreg yn ei law. Ochneidiodd. Rhoddodd e'r garreg fach yn ofalus yn y tân.

Rhoddodd Gwen, ei wraig, ei charreg hi yn y tân. Yna, gwnaeth y ddwy ferch yr un peth.

Edrychodd yr hen ddyn ar Brythno, ei fab ifanca. Roedd e'n dal i hel bwganod gyda'r bwa a saeth. Roedd e'n llawn bywyd! 'Yr un peth â Llwyd, fy mab hyna,' meddyliodd Brythno. Teimlodd yr hen ŵr boen yn ei frest. Trodd Brythno ei ben:

"Llwyd?" galwodd.

Roedd Llwyd yn sefyll yn y cysgod. Roedd e'n crynu.

'Fydd y gwynt yn mynd i mewn i'r anaf?' meddyliodd y tad. "Dere at y tân," galwodd ar ei fab.

Daeth Llwyd at y gwres, yn herciog, a thaflu ei garreg i'r fflamau.

Yna, daeth tro y Brythno ifanc.

"Dere, Brythno bach. Dere i ni gael gorffen," meddai'r tad.

Daeth Brythno'n rhedeg draw a thaflu ei garreg yn wyllt i'r tân.

Drannoeth, aeth y teulu i chwilio am y cerrig. Roedd y tân yn llwyd fel yr awyr. Roedd y tân yn llwyd fel eu hwynebau nhw.

Doedd dim awel yn y bore bach.

Ond, yn sydyn, daeth sgrech.

"Mae un garreg wedi torri!" gwaeddodd Gwen.

Roedd pawb yn gwybod beth roedd hynny'n ei feddwl.

"Pwy? Carreg pwy?" Ciciodd Llwyd y lludw yn wyllt gyda'i droed iach. Roedd carreg wedi torri. Roedden nhw i gyd yn gwybod beth roedd hynny'n ei feddwl: roedd rhywun yn mynd i farw cyn diwedd y flwyddyn.

Llun: Huw Aaron

Yn sydyn, gafaelodd Brythno yn y garreg oedd wedi torri. Edrychodd e ar y llythrennau oedd wedi cael eu naddu arni hi.

"Brythno," meddai. Yna, dwedodd yn gyflym, "Fy ngharreg i yw hon."

Roedd pob man yn dawel, ond am sŵn Gwen yn crio.

"Mae'n ddrwg gen i, 'Nhad," meddai Llwyd gan roi ei fraich ar ysgwydd yr hen ddyn.

"A finnau," meddai'r tad gan ddal y garreg oedd wedi torri yn dynn yn ei ddwrn. Carreg Brythno, ei fab ifanca, oedd hi. Ond doedd e ddim yn mynd i ddweud hynny wrth neb arall.

Meleri Wyn James

Geiriau

amser maith yn ôl – *a long time ago*
gwynt main – *a cold wind*
golwg bell – *a distant look*
gwreichionen – *spark*
brwydr – *battle*
bwa a saeth – *bow and arrow*
tywyllwch – *darkness*
byseddu – *to finger*
ochneidio – *to sigh*
hel bwganod – *to hunt evil spirits*
cysgod – *shadow*
crynu – *to shake*
anaf – *injury*
herciog – *limping*
sgrech – *a scream*
lludw – *ash*
llythyren, llythrennau – *letter,s*
naddu – *to carve*
tynn – *tight*
dwrn – *fist*

Dwy afon

Afon Ganges ydy un o'r lleoedd mwya sanctaidd yn India.
Ond mae llygredd ofnadwy yn afon Ganges.

"Mae'r Indiaid yn halogi'r union beth maen nhw'n ei
addoli," meddai Ifor ap Glyn, y bardd a'r cyflwynydd teledu.

"Mae'r bobl fwya ffyddlon yn mynd i'r afon i ymolchi bob
dydd. Maen nhw'n credu bod yr afon yn gallu eich puro chi.
Mae eu cred nhw yn drech na'u synnwyr cyffredin nhw.

"Es i i mewn at fy mhengliniau. Wnes i ddim mentro
mwy na hynny! Mae'r afon yn llifo'n gyflym iawn."

Mae afon Teifi'n rhedeg yn gyflym iawn yn Llandysul ac mae
pobl yn hoffi canŵio yma. Sut mae pobl yn dechrau canŵio?
Maen nhw'n dechrau ym mhwll nofio Llandysul. Wedyn
maen nhw'n gallu mynd ar afon Teifi yn yr haf. Mae'r bobl
brofiadol yn mynd ar yr afon yn yr haf a'r gaeaf. Maen nhw'n
hoffi'r dŵr gwyllt!

Geiriau
sanctaidd – *holy*
llygredd – *contamination*
halogi – *to defile*
addoli – *to worship*
cyflwynydd – *presenter*
ffyddlon – *faithful*
puro – *to purify*
cred – *belief*
yn drech na – *stronger than*
fy mhengliniau – *my knees*
mentro – *to venture*
llifo – *to flow*
profiadol – *experienced*

"Coelio mewn ysbrydion? Actor enwog fel ti? Na, does bosib?"

Roeddwn i'n gwybod yn iawn mai dyna sut basai o'n ymateb. Doedd Gwil Goch ddim yn medru siarad yn ddistaw ar y gorau ond roedd ei lais mawr rŵan yn tynnu sylw pawb arall yn y dafarn hefyd ac roedden nhw i gyd yn edrych arna i.

Roedd y pedwar ohonon ni – Gwil, Dei Huws, Sam yr Hendre a finnau – yn eistedd wrth ein bwrdd arferol yn ymyl y tân. Wrth fwrdd arall ger y ffenest, roedd Idris Siop y Gloch a Sara ei wraig yn eistedd, yn siarad yn ddistaw ac yn edrych yn garuaidd i lygaid ei gilydd.

Yr unig gwsmeriaid eraill yn y Dafarn Ddu y noson honno – Nos Galan – oedd y ddau 'ddieithryn' a oedd wedi dod i mewn rai munudau cyn hynny. Roedden nhw'n eistedd yng nghornel bella'r bar.

Roedd Elis Ifans – neu Elis Gawr – y tafarnwr yn sefyll tu ôl i'r bar, yn llewys ei grys. Roedd ei lewys wedi eu torchi i ddangos breichiau cnawdol, meddal. Er ei fod o'n fawr o gorff, dyn digon diniwed a hawdd ei ddychryn oedd y tafarnwr. Roedd pawb yn Llangraig yn cydymdeimlo efo fo

Llun: Eric Jones

achos roedd ei wraig wedi rhedeg i ffwrdd, flwyddyn yn ôl, efo dyn o'r enw Moi Twm.

Ces i'r hanes i gyd gan Gwil Goch, yn fuan ar ôl i mi symud i'r pentre i fyw: "Roedd Moi Twm yn arfer dod efo ni am beint bob wythnos ac roedden ni wedi dechrau amau bod rhywbeth yn mynd ymlaen rhwng Anwen, gwraig Elis Gawr, a fo. Yna, Nos Galan y llynedd, clywon ni fod y ddau wedi rhedeg i ffwrdd efo'i gilydd. Doedd neb yn gwybod i ble. A does neb wedi clywed dim byd o'u hanes nhw ers hynny, chwaith…"

"Wel? Wyt ti'n coelio mewn ysbrydion?"

Daeth llais Gwil â fi'n ôl i'r presennol. Edrychais i o gwmpas y stafell a gweld bod pawb arall hefyd yn disgwyl i mi ateb. Roedd hyd yn oed y ddau 'ddieithryn' yn gwenu'n awgrymog arna i.

"Ydw," meddwn i'n bendant.

"Rhaid dy fod ti wedi *gweld* ysbryd, felly?"

"Do," meddwn i, yn bendant eto.

"Wel, dweda'r hanes wrthon ni, 'ta!"

Roeddwn i wedi disgwyl i hyn ddigwydd, wrth gwrs, ac wedi paratoi fy stori ymlaen llaw. Y peth cynta i'w wneud oedd creu awyrgylch briodol. Doedd hynny ddim yn anodd… ddim i mi, o bawb. Wedi'r cyfan, roedd gen i lais dwfn, cyfoethog, yn ogystal â blynyddoedd o brofiad yn actio prif gymeriadau Shakespeare yn Stratford.

Dyma fi'n dechrau ar fy stori mewn llais isel, fel bod pawb yn y stafell yn gorfod gwrando'n ofalus.

"Mewn hen dafarn fach wledig roeddwn i ar y pryd. Un ddigon tebyg i hon, a deud y gwir…!"

Edrychais o fy nghwmpas yn ddramatig a gwnaeth pawb arall yr un fath.

"… Noson cyn y Nadolig oedd hi ac roedd yr addurniadau'n disgleirio yng ngolau'r tân coed… yn union fel y rhain!" meddwn i eto, gan edrych ar y *trimmings* lliwgar oedd yn hongian uwch fy mhen. "Roedd hi'n hwyr a dim ond fi oedd ar ôl yn y bar…"

"Yn cael peint ar ôl amser, mae'n siŵr," meddai Gwil Goch, yn trio gwneud jôc.

"Cau dy geg, Gwil! Gad iddo fo ddeud ei stori," meddai Dei Huws, a chlywais un neu ddau arall yn cytuno efo fo.

"… Roedd pawb arall wedi mynd adre a'r tafarnwr wedi mynd i'r gegin i wneud paned o de iddo fo ei hun."

Taflais i gip sydyn i gyfeiriad Elis Gawr a gweld cwestiwn yn ffurfio yn ei feddwl – *Sôn am wythnos yn ôl wyt ti?* Es i ymlaen gyda'r stori mewn llais tawelach fel bod pawb yn gorfod gwrando'n ofalus iawn rŵan.

"… Roedd hi'n noson wyntog ac oer. Noson ddigon tebyg i heno, a deud y gwir…"

Arhosais i roi cyfle iddyn nhw wrando ar chwiban y gwynt yn y coed tu allan, a'r cenllysg yn taro yn erbyn gwydr y ffenest.

"… Fel roeddwn i'n dweud, roedd y tafarnwr wedi mynd i'r gegin ac wedi fy ngadael i ar fy mhen fy hun yn y bar. Yn sydyn, dyma olau'r stafell yn dechrau crynu, ac yna dyma fo'n diffodd, gan fy ngadael i mewn tywyllwch oer, efo dim ond cysgodion yn gwmni. Roeddwn i'n meddwl i ddechrau mai'r gwynt cryf oedd yn gyfrifol, ond sylwais i fod golau i'w weld o hyd o dan ddrws y gegin a bod golau'r stryd tu allan hefyd yn iawn. A dyna pryd y teimlais y…"

Agorais i fy llygaid yn fawr, i awgrymu rhywbeth ofnadwy.

"… y… PRESENOLDEB… ac os oedd y stafell yn oer cyn hynny, roedd hi ganwaith gwaeth rŵan. Er fy mod i'n gwisgo côt gynnes, ac er bod tân mawr yn y grât – tebyg iawn i'r tân sy yma heno! – roeddwn i'n crynu fel deilen mewn storm, a baswn i'n taeru mai lwmp o rew oedd y peint yn fy llaw. Yna'n sydyn, dyma arogl rhyfedd yn dod i'r stafell…"

"Arogl drwg?" Sara Siop y Gloch oedd yn sibrwd y cwestiwn. "Maen nhw'n deud bod arogl drwg lle mae ysbrydion," meddai hi wedyn, yn dawel iawn.

"Nage wir!" atebais i. "Arogl persawr drud o Ffrainc oedd hwn. Ond dw i ddim yn medru cofio ei enw fo ar y funud, chwaith…"

"Lafant?" gofynnodd Sara eto. "Maen nhw'n deud eich bod chi'n medru arogli lafant, weithiau, pan mae ysbrydion o gwmpas."

"Nage, nid lafant," meddwn i eto, yn fy llais dwfn. "Dw i'n siŵr o gofio'r enw mewn munud."

Taflais i gip sydyn i gyfeiriad y ddau 'ddieithryn' wrth y bar a gweld un yn gwenu'n gynnil arna i a'r llall yn codi'i fawd yn slei, cystal â deud fy mod i'n cael hwyl ar adrodd fy stori.

"… A dyna pryd gwelais i nhw!"

"Nhw?" meddai Gwil Goch, a'i lais o, erbyn hyn, mor dawel ag un Sara Siop y Gloch. "Gweld pwy, felly?"

"Yr ysbrydion!" meddwn i'n ddistaw.

"Be? Mwy nag un?"

"Dau, Gwil! Dau ysbryd! Dyn a dynes!' A phwyntiais i at ddrws dychmygol. "Yn dod i mewn ata i o'r tywydd oer tu allan…"

Yr eiliad honno, fel tasai rhyw ddealltwriaeth gudd rhwng y gwynt a fi, dechreuodd y gwynt chwibanu'n drist yn y simnai ac yn y coed tu allan a chwythu cawod arall o genllysg yn erbyn y ffenest.

Mae'r stori'n parhau ar dudalen 57.

Geraint V Jones

Geiriau

coelio – *to believe*

ysbryd,ion – *ghost,s*

does bosib – *surely not*

ymateb – *to react*

ar y gorau – *at the best of times*

tynnu sylw – *to draw attention*

yn garuaidd – *lovingly*

dieithryn – *stranger*

yn llewys ei grys – *in his shirt sleeves*

wedi eu torchi – *rolled up*

cnawdol – *fleshy*

diniwed – *innocent*

hawdd ei ddychryn – *easily frightened*

cydymdeimlo – *to sympathise*

awgrymog – *suggestively*

creu awyrgylch briodol – *to create an appropriate atmosphere*

wedi'r cyfan – *after all*

taflais i gip sydyn – *I cast a quick glance*

cyfeiriad – *direction*

chwiban – *whistle*

cenllysg (gog) = cesair (de) – *hail*

crynu – *to flicker*

cyfrifol – *responsible*

yn ganwaith gwaeth – *a hundred times worse*

taeru – *to swear*

persawr – *perfume*

lafant – *lavender*

cynnil – *subtle*

cystal â deud – *as if to say*

dychmygol – *imaginary*

rhyw ddealltwriaeth gudd – *some secret understanding*

Rhybudd – llifogydd

Gallai gwyntoedd cryf a llanw uchel ar yr arfordir arwain at lifogydd, yn ôl Asiantaeth yr Amgylchedd.

Bydd gwyntoedd cryfion ar arfordir y De a'r Gorllewin.

Mae 12 rhybudd llifogydd ar hyn o bryd, dwedodd yr asiantaeth.

Dylai pobl fod yn ofalus wrth gerdded neu yrru ger yr arfordir yn ystod y dyddiau nesa.

Mae rhybudd llifogydd mewn lle ar gyfer nifer o leoedd – arfordir gogledd Cymru… arfordir Llŷn a Bae Ceredigion … arfordir Gorllewin Môn… yr arfordir o Aberddawan hyd at Bont Hafren… arfordir Sir Gâr… arfordir Sir Benfro… arfordir Ceredigion… aber afon Gwy… aber afon Wysg… a Bae Abertawe ac arfordir Gŵyr.

"Gallai'r gwyntoedd gryfhau hyd at lefel 'storm'," meddai'r Swyddfa Dywydd. "Gallai hyn effeithio ar yrwyr."

Gofal

Mae'r rhagolygon yn dangos y gallai llifogydd effeithio ar ffyrdd, tir amaethyddol ac adeiladau diarffordd.

Mae angen gofal ar yr arfordir. Gallai rhywun gael ei daro gan don fawr a chwympo i'r môr. Gallai rhywun gael ei daro gan rywbeth oedd yn cael ei daflu gan y tonnau.

"Mae'r pryder mwya lle mae afon Hafren yn cyrraedd y môr," meddai Behnaz Akhgar, cyflwynydd tywydd BBC Cymru.

Dylai'r gwyntoedd dawelu ddydd Iau a bydd y tywydd yn gwella erbyn y penwythnos.

Geiriau

rhybudd – *warning*
llifogydd – *floods*
llanw – *tide*
Asiantaeth yr Amgylchedd – *Environment Agency*
effeithio ar – *to affect*
rhagolygon – *forecast*
amaethyddol – *agricultural*
diarffordd – *isolated*
pryder – *concern*

Llifogydd Talybont, Mehefin 2012
Llun: Arwyn Parry Jones

Coelio mewn ysbrydion? – Rhan 2

"… A dyna pryd gwelais i nhw!"

"Nhw?" meddai Gwil Goch, a'i lais o, erbyn hyn, mor dawel ag un Sara Siop y Gloch. "Gweld pwy, felly?"

"Yr ysbrydion!" meddwn i'n ddistaw.

"Be? Mwy nag un?"

"Dau, Gwil! Dau ysbryd! Dyn a dynes!' A phwyntiais i at ddrws dychmygol. "Yn dod i mewn ata i o'r tywydd oer tu allan…"

Yr eiliad honno, fel tasai rhyw ddealltwriaeth gudd rhwng y gwynt a fi, dechreuodd y gwynt chwibanu'n drist yn y simnai ac yn y coed tu allan a chwythu cawod arall o genllysg yn erbyn y ffenest.

"… Ac er bod yr ystafell mewn tywyllwch, roeddwn i'n gallu gweld y ddau'n glir. Roedd rhyw oleuni rhyfedd yn dod ohonyn nhw. Roedd eu hwynebau'n wyn a'u gwefusau'n las, ac roedd eu llygaid yn llonydd fel llygaid marw…"

"Arglwydd mawr!" meddai Gwil Goch ac roeddwn i'n gwybod bod pawb arall hefyd yn glustiau i gyd.

"… Roedd y dyn yn gwisgo cap 'deerstalker' – cap efo pig yn y ffrynt a'r cefn. Cap mynd-a-dŵad mae rhai'n ei alw fo."

"Cap fel yna oedd gan…"

Er bod Gwil wedi brathu'i dafod mewn pryd, roedd Dei Huws a Sam yr Hendre a finnau'n gwybod at bwy roedd o'n cyfeirio.

"… Roedd ganddo fo aeliau duon trwm a'r rheiny'n cyfarfod uwchben y trwyn…"

"Nid 'widow's peak' wyt ti'n feddwl?" Roedd Gwil yn gofyn y cwestiwn fel tasai o ddim yn medru credu'i glustiau.

"Ia. A dw i'n cofio sylwi hefyd bod darn o'i glust dde ar goll…"

"Arglwydd mawr!" Edrychodd y cochyn i gyfeiriad y tafarnwr a gweld adnabyddiaeth a dychryn yn llygaid hwnnw hefyd rŵan.

"… Roedd y wraig oedd efo fo yn ddynes dlws iawn. Gwallt golau oedd ganddi hi; gwallt hir at ei hysgwyddau, ond roedd o'n gaglau i gyd, a thalpiau o bridd coch gwlyb yn glynu wrtho fo…"

Stopiais i am eiliad eto, i roi cyfle iddyn nhw ddychmygu'r olygfa.

"… Roedd hi'n amlwg, dim ond wrth edrych arnyn nhw, mai newydd godi o'r bedd roedden nhw!"

Cymerodd Sara Siop y Gloch ei hanadl i mewn yn swnllyd.

"… Doedd eu coesau nhw ddim yn y golwg, dim ond rhan uchaf eu cyrff yn nofio'n araf dros lawr y dafarn, fel tasai awel ysgafn yn eu chwythu nhw ata i. Ac wrth iddyn nhw ddod yn nes ac yn nes, roedd arogl y persawr yn dod yn gryfach ac yn gryfach o hyd. Yna, arhosodd y ddau ychydig lathenni oddi wrtha i, ac edrych arna i fel tasen nhw'n ymbil arna i i'w helpu nhw…"

"Arglwydd mawr!"

Gan mai ebychiad distaw iawn oedd hwn gan Gwil Goch, chymerais i ddim sylw ohono fo.

"… Ac roedd y ddynes yn gwisgo ffrog las golau efo broets aur ar siâp cenhinen Bedr…"

"Arglwydd mawr!" meddai Gwil eto, ond yn uwch y tro yma. Roedd o'n llygadu Elis Gawr, y tafarnwr, fel tasai o'n disgwyl iddo fo ddweud rhywbeth.

Roedd golwg anniddig iawn ar y tafarnwr erbyn hyn.

"… Yna, dechreuodd eu cegau nhw symud yn fud. Roedden nhw'n ceisio dweud rhywbeth wrtha i. Dim ond un gair oedd ar wefusau'r ddau, a'r gair hwnnw'n cael ei ddweud drosodd a throsodd heb sŵn. Ac yn sydyn, sylweddolais i eu bod nhw'n trio dweud enw'r dyn oedd wedi'u llofruddio nhw…"

Ar wahân i sŵn y gwynt tu allan a chlecian y tân yn y grât, roedd yr ystafell yn ddistaw fel y bedd. Codais a mynd i sefyll efo fy nghefn at y fflamau: doeddwn i ddim yn oer, ond roeddwn i eisiau i bawb yn yr ystafell weld fy ngwefusau i'n symud. I ddynwared y ddau ysbryd, dechreuais wneud siâp ceg distaw, drosodd a throsodd. Roedd pawb yn fy llygadu i'n fanwl er mwyn trio darllen fy ngwefusau – pawb ond y tafarnwr a'r ddau 'ddieithryn'! Roedd Elis wedi dechrau ffidlan yn nerfus efo'r gwydrau gwag tu ôl i'r bar ac roedd un 'dieithryn' yn ei lygadu'n ofalus. Gwelais i'r 'dieithryn' arall yn tynnu potel fechan o'i boced a, gyda winc slei arna i, dechreuodd wasgaru'r persawr drud allan ohoni ar lawr y dafarn, heb i neb ond fi sylwi arno fo'n gwneud hynny.

"El… rhywbeth," meddai Gwil Goch. Roedd ei geg yn dynwared fy ngheg i, wrth i mi ddynwared cegau'r ysbrydion. "El… Eli…" meddai eto.

Yna syrthiodd y geiniog. "Elis!" meddai'n syn ac yn uchel. Trodd i edrych ar y tafarnwr efo cwestiwn mawr yn ei lygaid.

"Fragonard!" meddwn i, fel taswn i newydd gofio. "Dyna beth oedd enw'r persawr." Dechreuais ffroeni. "A wyddoch chi be, ffrindiau? Dw i'n clywad yr un arogl eto rŵan, yma!"

"A fi!" meddai Sara Siop y Gloch yn gynhyrfus.

"A fi hefyd!" meddai rhywun arall.

Roedd wyneb Elis Gawr fel y galchen.

"Arglwydd mawr!" meddai Gwil Goch, wedi cynhyrfu'n lân. "Dw i'n nabod yr arogl, Elis! Wyt ti'n meddwl bod… bod Anwen wedi dod adre?"

Roedd o wedi dweud y geiriau heb feddwl, bron, ond fe gawson nhw'r effaith ryfedda ar y tafarnwr.

"Na! Dydy hynny ddim yn bosib!" meddai, gan edrych yn wyllt i gyfeiriad y drws, fel tasai o'n disgwyl gweld ysbrydion ei wraig a'i chariad yn dod i mewn. "Maen nhw wedi… wedi…"

"Wedi cael eu lladd, ia, Mister Ifans? Dyna beth 'dach chi'n ddweud?"

Safodd un 'dieithryn' rŵan, a dal ei gerdyn adnabod o dan drwyn y tafarnwr. "Ditectif Inspector Tom Price," meddai. "A dyma Ditectif Gwnstabl Kevin Brown. Dw i'n eich arestio chi, Elis Ifans, ar amheuaeth o fod wedi lladd eich gwraig, Anwen Ifans, a'i chariad, Morris Thomas. Bydd unrhyw beth byddwch chi'n ei ddweud…"

Roedd pawb arall ond fi yn syfrdan.

Wrth i'r cyffion gael eu gosod ar ei arddyrnau, daeth euogrwydd Elis Gawr yn amlwg i ni i gyd a chlywson ni fo'n mwmblan atebion euog i gwestiynau'r plismyn. Yna, daeth y Ditectif Inspector draw aton ni.

"Mae'n ddrwg gen i ond fedrwch chi ddim aros i ddathlu'r Flwyddyn Newydd yma," meddai, gyda gwên o gydymdeimlad. "Rhaid i ni gau'r Dafarn Ddu rŵan tra byddwn ni'n tyllu yn y seler am y cyrff." Yna, cyn troi i ffwrdd, rhoddodd ei law ar fy ysgwydd. "Fe wnaethoch chi ddefnydd effeithiol iawn o'r wybodaeth a roiais i i chi," meddai. "Diolch am eich help, Dad!"

Geraint V Jones

Geiriau

goleuni – *light*

brathu – *to bite*

cyfeirio – *to refer*

ael,iau – *eyebrow,s*

cochyn – *the ginger one*

adnabyddiaeth – *recognition*

yn gaglau i gyd – *all knots and tangles*

talpiau o bridd – *lumps of soil*

glynu wrth – *to stick to*

bedd – *grave*

llathen,ni – *yard,s*

ymbil – *to plead*

ebychiad – *exclamation*

broets – *brooch*

cenhinen Bedr – *daffodil*

anniddig – *uneasy*

mud – *dumb*

llofruddio – *to murder*

dynwared – *to imitate*

llygadu – *to eye*

gwasgaru – *to sprinkle*

syn – *surprised, shocked*

ffroeni – *to sniff*

fel y galchen – *as white as a sheet*

wedi cynhyrfu'n lân – *very agitated*

yr effaith ryfedda – *the strangest effect*

ar amheuaeth – *on suspicion of*

syfrdan – *stunned*

cyffion – *handcuffs*

arddwrn, arddyrnau – *wrist,s*

euogrwydd – *guilt*

tyllu – *to dig*

defnydd - *use*

Y tŷ bach twt

Dw i'n byw mewn tŷ bach twt. Mae'r drws wedi cael ei beintio'n wyn ac yn lân.

Yn yr haf dw i'n agor y ffenestri ac mae'r haul yn dod i'r tŷ. Dw i'n rhoi pastai gig ar y sil ffenest i oeri.

Dw i'n eistedd am oriau ar gadair gyfforddus yn edrych ar fywyd yn yr ardd. Mae titw tomos las a nico bach yn chwarae ar y bwrdd bwydo adar. Mae wiwer chwareus yn neidio ar y bwrdd o dro i dro ac yn codi ofn ar yr adar. Gwiwer lwyd hyll ydy hi, ond dw i'n ei galw hi'n Huw y Wiwer.

Dw i'n gwau dillad wrth wylio'r anifeiliaid bach yn yr ardd. Dw i'n gwau dillad o wlân drud. Ond dw i byth yn eu gwisgo nhw.

Dw i'n mwynhau teimlo'n un efo natur.

Ac, wrth gwrs, mae'n rhaid i rywun gadw llygaid ar y bastai.

Am chwech o'r gloch, mae fy ngŵr yn dod adre o'i waith yn y ffatri. Mae o'n gwneud hancesi poced yno.

"Haia blodyn!" mae o'n gweiddi o dop y llwybr igam-ogam. Yna, mae'n sgipio i gwrdd â fi wrth y drws.

"Haia Huw, cariad," dw i'n ateb, gan redeg i'w freichiau. Mae'r wiwer yn edrych arna i'n flin o ben y bwrdd adar. Mae hi eisiau sylw trwy'r amser.

Mae Huw a finnau'n bwyta'r bastai gig – ac yn syllu i lygaid ein gilydd yn gariadus. Yna 'dyn ni'n mynd i'r ardd law yn llaw, i hel mafon coch. Mae'r gwrychoedd yn goch – ac mae'n cegau ni'n goch ar ôl bwyta ein pwdin. Mae'r ffenest ar agor gyda'r nos a'r llenni'n siffrwd hwiangerddi yn yr awel.

Hydref: mae'r coed yn y berllan yn drwm gan afalau. Mae hi'n chwech o'r gloch, ond does dim sôn am Huw.

Dw i'n coginio pastai afalau ac yn rhoi'r siwgr ola o'r pot arnyn nhw. Mae hi'n oer yn y tŷ. Dw i'n casglu brigau noeth y gwrychoedd mafon a dw i'n eu defnyddio nhw i gynnau tân yn y grât. Dw i'n cau'r ffenestri. Dydy siffrwd y gwynt ddim yn gallu dod i mewn i'r tŷ bach twt yn gwmni i mi.

Gaeaf: mae bys y cloc ar chwech o hyd. Does gen i ddim cnau na dim byd dros ben. Mae'r adar wedi mynd, wedi dod o hyd i gartre gwell, mae'n siŵr. Dw i'n torri'r bwrdd adar gyda bwyell. Dw i'n llosgi'r pren i gadw'r tŷ yn gynnes. Mae mwg yn dod yn ôl i lawr y simne ac yn gwneud popeth yn ddu. Yna, mae storm fawr yn dod a dw i'n colli'r trydan. Felly, dw i'n tynnu ffrwythau'r gwanwyn o'r rhewgell a'u bwyta nhw i frecwast, te a swper. Mae coed y berllan yn cael eu chwythu i'r llawr. Dw i'n eu llosgi nhw i gadw fy hun rhag rhewi.

Noswyl Nadolig: dw i'n gwau yn ddi-stop ers wythnosau. Erbyn hyn, mae gen i sgarff hir fel gwallt Rapunzel. Mae Huw yn siŵr o ddod yn ôl fory. Dw i'n lapio'r sgarff o fy nghwmpas i gadw'n gynnes a dw i'n dechrau ar y gwaith paratoi. Bydd y Nadolig hwn yn Nadolig i'w gofio.

Dw i'n torri drws gwyn, glân y tŷ bach twt yn ddarnau bach.

Dw i'n rhoi'r darnau yn y grât yn barod i gynnau tân.

Mae tipyn bach o flawd yng ngwaelod y paced, mae tipyn bach o fenyn yng ngwaelod y twb, mae tipyn bach o ddŵr rhewllyd yn y tap, felly dw i'n gwneud toes.

Bore Nadolig: dw i'n sefyll yn ffrâm drws y tŷ bach twt a dw i'n aros.

Does dim adar i gadw cwmni i mi. Mae'r sgarff o fy nghwmpas i fel papur lapio.

Dw i'n aros tan bum munud wedi chwech, yn syllu ar y llwybr igam-ogam. Mae'r bastai ar y sil ffenest, yn rhewi, ac mae crafangau anifail bach llwyd a hyll yn dod allan ohoni.

Leusa Fflur

Geiriau

tŷ bach twt – *cosy cottage*
pastai – *pie*
titw tomos las – *blue tit*
nico bach – *goldfinch*
gwau – *to knit*
gwlân – *wool*
hances boced – *handkerchief*
igam-ogam – *zigzag*
blin – *cross, angry*
hel mafon – *to collect raspberries*
gwrych,oedd – *hedge,s*
llen,ni – *curtain,s*
siffrwd – *rustle*
hwiangerdd,i – *lullaby, lullabies*
perllan – *orchard*
brigyn, brigau – *twig,s*
cynnau tân – *to light a fire*
cneuen, cnau – *nut,s*
dros ben – *left over*
bwyell – *axe*
simne – *chimney*
lapio – *to wrap*
toes – *pastry*
crafanc, crafangau – *claw,s*

Mae chwe llyfr yn y gyfres Ar Ben Ffordd i gyd.
Mae yna lyfr arall i ddarllenwyr Lefel Canolradd sef
Ar Garlam. Hefyd, mae deunydd difyr yn y llyfr Lefel
Sylfaen, *Nerth dy Draed*:

y Lolfa

Talybont, Ceredigion, Cymru SY24 5HE
e-bost: ylolfa@ylolfa.com
y we: www.ylolfa.com
ffôn: 01970 832304
ffacs: 01970 832782